Julia Schmidt  Basteln mit Papier

Mach mit!

Julia Schmidt

Basteln mit Papier

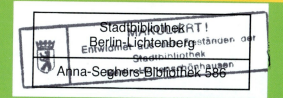

BuchVerlag
für die Frau

ISBN 978-3-89798-556-8

Covergestaltung und Layout: ansichtssache, Dörthe Dräger, Ludwigsfelde
Fotos: Kathleen Busies (Titelfotos, S. 2, 8, 11, 12, 20, 21, 24, 27, 28, 31, 33, 36, 41, 42, 43, 45, 49, 51, 52, 59, 61, 64, 66, 70, 76, 79, 80, 82, 84, 86), Colourbox.de (S.6, 7), Julia Schmidt (S. 9, 10, 17 und alle step by step-Fotos)
Druck und Bindung: COULEURS Print & More GmbH

Printed in Slovenia

www.buchverlag-fuer-die-frau.de

Inhalt

Phantasievolles aus Papier

Basteln bereitet den meisten Kindern viel Freude und fördert die Kreativität. Schon zu Großmutters Zeiten haben Kinder mit Papier gebastelt. Damals wie heute gilt, dass Papier unendlich viele Gestaltungsmöglichkeiten bietet. Es ist ein ideales Material, weil es so vielfältig und leicht zu verarbeiten ist.

Die in diesem Buch vorgestellten Projekte sind für Kinder ab 4 Jahren geeignet, aber auch größere Kinder werden ihre Freude am Basteln mit Papier haben.

Alle Bastelideen sind einfach zum Nachbasteln und bieten vielfältige Möglichkeiten, mit der individuellen Kreativität der Kinder weiter

hat oder die günstig zu erwerben sind. So ist spontanes Basteln jederzeit möglich. Außerdem gibt es mehrere Upcycling-Ideen, bei denen die Kinder aus Altpapier, wie Toilettenpapierrollen oder Zeitung, neues Papier, Schmuck oder Dekoratives entstehen lassen.

Auch für saisonale Anlässe wie Ostern, Weihnachten oder Fasching kann gemeinsam etwas aus Papier gebastelt werden, ebenso wie für den Kindergeburtstag, der mit selbstgestalteten Papiergirlanden, Einladungskarten, hübschen

ausgestaltet zu werden. Dabei geht es weniger darum, strikt einem bestimmten Muster zu folgen, als vielmehr die Kinder mit Inspirationen in ihrer freien Gestaltung zu unterstützen und zu fördern. Der Spaß am Basteln mit Papier steht dabei jederzeit im Vordergrund. So kann man natürlich statt bunten Vögeln auch wunderbar Löwe, Elefant und Giraffe aus Toilettenpapierrollen entstehen lassen. Insbesondere die Papierpuppen bieten auch etwas größeren Kindern schier zahllose Möglichkeiten, ihre eigenen Designs zu entwerfen.

In allen Projekten geht es um Papier in den unterschiedlichsten Ausführungen, von einfachem Zeichenpapier, über Zeitungspapier bis hin zu Transparentpapier. Aus altem Papier kann man neues Papier herstellen, dieses mit getrockneten Blumen veredeln und später daraus Notizbücher binden oder Lesezeichen basteln. Dabei sind die meisten der Bastelprojekte so ausgelegt, dass vorwiegend mit Materialien gearbeitet wird, die man oft schon Zuhause

Dekorationen und einer Pinata für Süßigkeiten zum ganz besonderen Erlebnis wird.

Im Mittelpunkt beim Basteln stehen immer der Spaß und das Ausleben der eigenen Kreativität. So sind die Anleitungen alle als Inspiration gedacht. Hat das Kind andere Ideen, sollten diese unbedingt umgesetzt werden. Für viele der vorgestellten Bastelideen gibt es deshalb auch alternative Umsetzungsmöglichkeiten. Je nach Alter der Kinder kann so ein und dasselbe Projekt auf unterschiedlichsten Wegen umgesetzt werden und solange alle Spaß am Basteln haben, gilt das Werk als gelungen.

Hinweise zu Material und Arbeitsplatz

Der ideale Arbeitsplatz

Der ideale Arbeitsplatz ist ein großer Tisch, den man im Fall der Fälle auch abwischen kann. Sicherheitshalber deckt man den gesamten Tisch trotzdem am besten mit Zeitungspapier ab. Alle benötigten Arbeitsmaterialien werden zurechtgelegt, ebenso wie ein Lappen oder die Küchenrolle, um sich zwischendurch die Hände zu reinigen.

Die Schere

Eine gute Schere ist für Kinder wichtig, damit der Spaß am Schneiden erhalten bleibt. Gute Kinderscheren sollten mit Papier und Tonpapier keine Probleme haben. Am besten vor dem Kauf verschiedene Scheren ausprobieren und schauen, welche gut in der Hand liegt und mit welcher man gut schneiden kann. Die meisten Projekte in diesem Buch sind so gestaltet, dass

Kinder alles selbst schneiden können. Nur bei den Bilderrahmen müssen Erwachsene helfen, da das hier verwendete Material dicke Pappe ist.

Welche Farben?

Für alle Projekte werden ausschließlich Acrylfarben (oder Fingerfarben), der Tuschkasten und Buntstifte verwendet. Acrylfarben sind höher deckend als die Wasserfarben in einem normalen Tuschkasten und in jedem Bastelladen, aber auch in den meisten Papierabteilungen anderer Geschäfte erhältlich. Sie lassen sich, solange sie noch nicht getrocknet sind, auch gut wieder auswaschen. Wird ein Tuschkasten verwendet, handelt es sich um einen gebräuchlichen Schultuschkasten mit Wasserfarben. Auch Buntstifte kommen zur Anwendung.

Krepppapier

Krepppapier ist ein sehr vielseitig einsetzbares Material, kostengünstig und in jedem Papier- oder Bastelladen erhältlich. Es gibt nur einen Aspekt, den man beim Arbeiten mit Krepppapier unbedingt beachten muss: Krepppapier darf nicht nass werden. Wird Krepppapier nass, so verliert es seine Farbe und verfärbt alles. Werden Girlanden aus Krepppapier gebastelt, so ist es bei Regen natürlich nicht weiter schlimm, wenn sie nass werden, solange die Farbe nur in den Garten tropft.

Altpapier

Altpapier lässt sich ideal zum Basteln verwenden. Besonders praktisch sind alte Zeitungen und Zeitschriften, Eierkartons, gebrauchtes Geschenkpapier und Toilettenpapierrollen. Aus diesen Dingen entstehen mit ein wenig Kreativität bunte Masken, Ketten und Armbänder, handgeschöpftes Papier und Schalen und vieles mehr.

Karteikarten

Unbedruckte Karteikarten sind ein günstiges und überall erhältliches Bastelmaterial, ideal für Postkarten und Einladungskarten.

> **Tipp**
>
> Im Urlaub können Kinder mit ein paar Buntstiften Karteikarten bemalen und damit ihre eigenen Postkarten gestalten und an Freunde und Familie verschicken.

Klebstift oder Flüssigkleber?

Bei den meisten Projekten im Buch wird mit einem Klebstift gebastelt. Flüssigkleber benötigt doch sehr viel Geduld und schmiert schnell, so dass für Kinder der Klebstift das bessere Klebemittel ist und für Papier auch immer funktionieren sollte.

Heißkleber

Mit der Heißklebepistole kann man Heißkleber, eine Art geschmolzenes Plastik, auftragen. Eine Heißklebepistole gehört nicht in Kinderhände. Helfende Erwachsene können hiermit aber schnell Dinge kleben. Bei den Party-Sticks (S. 49) ist das Aufkleben mit Heißkleber eine

 Tipp

Einen eingetrockneten Klebstift nicht wegwerfen! Einfach den eingetrockneten Klebstift für ca. 3 Stunden in eine Schüssel mit Wasser legen und dann kann man ihn wieder verwenden.

praktischere Variante als der Flüssigkleber, da Heißkleber innerhalb von wenigen Minuten trocken und fest ist.

> Tapetenkleister selber machen

Tapetenkleister kann man in jedem Baumarkt als Pulver erwerben. Es gibt aber auch die Möglichkeit, einen ähnlichen Kleber selbst herzustellen. Eine kostengünstige Tapetenkleister-Alternative lässt sich problemlos mit Haushaltsmitteln anrühren.

Zutaten:

- 1 l Wasser
- 250 g Mehl
- alter Topf
- Schneebesen

Anleitung:

Das Wasser in den Topf einlassen. Mehl langsam in das Wasser einrühren. Im Idealfall entstehen dabei keine Klümpchen, wenn doch, ist dies nicht so schlimm. Nun den Kleister unter ständigem Rühren kurz aufkochen lassen. Dann den Kleister erkalten lassen und zum Basteln verwenden. Er lässt sich gut in einem alten Marmeladenglas aufbewahren. Im Kühlschrank ist er mindestens 1 Woche haltbar.

Diese Kleisteralternative ist ideal für das Sparschwein (S. 36) und die Piñatas (S. 52). Auch generell kann man mit diesem Kleister vielfältig basteln, auch mit kleineren Kindern, da man hier ein absolut ungiftiges Klebemittel hat.

Kreppklebeband

Bekommt man günstig in Papier- und Bastelläden, aber auch in Drogerie- und Baumärkten.

Zusätzliche Deko-Materialien

Neben Papier und Farbe gibt es drei Bastelmaterialien, die in den folgenden Projekten häufig verwendet werden: Bunte Federn, Wackelaugen und Glitzer.

Alles bekommt man oft günstig in größeren Tüten. Insbesondere die Wackelaugen sorgen bei Kindern für viel Freude, aber auch Glitzer und Federn sind sehr beliebte Bastelmaterialien. Praktisch ist auch Glitzerkleber, da dieser, im Vergleich zu Glitzerpulver, nicht durch die Wohnung fliegt.

Unbedruckte Bierdeckel für das Memo-Spiel (S. 82) bekommt man online oder mal im Bastelgeschäft fragen. Im Bastelladen kann man auch gleich Pfeifenreiniger (S. 40 und S. 66) einkaufen oder danach in der Drogerie gucken.

Technisches Hilfsmittel – Küchenmaschine:

Gut geeignet ist eine Küchenmaschine mit einem Messer, welches das Papier zu einem feinen Brei zerkleinert. Die Maschine sollte natürlich nur von einem Erwachsenen bedient werden!

Papier selber machen und gestalten

Papier schöpfen

✂ Material

- Altpapier z. B. Zeitungen, Eier-karton, Versandkartons
- 2 große Töpfe
- Küchenmaschine oder Pürier-stab
- Spritzsieb (für Papier)
- engmaschiges Sieb (für Schüs-seln)
- Löffel
- Teigroller (Nudelholz)

☞ Und so wird's gemacht:

1. Das Papier in kleine Schnipsel reißen und in einem Topf über Nacht einweichen.

2. Am nächsten Tag werden die Papierschnipsel gekocht. Es sollte ein Brei entstehen, der nicht zu flüssig ist. Ist das Papier noch sehr stückig, kann man es nach dem Abkühlen noch kurz in die Küchenmaschine geben oder mit dem Pürierstab weiter bearbeiten.

3. Jetzt ein Spritzsieb, wie man es zum Abdecken von Pfannen benutzt, auf einen zweiten Topf legen.

4. 2 bis 3 große Esslöffel voll Papiermatsch auf das Sieb geben.

5. Zuerst das Wasser ein wenig mit dem Löffel rausdrücken.

6. Danach mit den Händen vorsichtig weiteres Wasser auspressen.

7. Wenn bereits eine Art feuchtes Papier entstanden ist, legt man ein altes Geschirrtuch auf das Papier und drückt noch ein wenig mehr Wasser heraus. Das feuchte Geschirrtuch kommt zum Trocknen zur Seite.

8. Nun ein neues, trockenes Geschirrtuch auf das Papier legen. Das ganze Sieb hochheben und auf dem Tisch vorsichtig wenden, so dass nun das Geschirrtuch unten liegt und das Sieb oben. Das Sieb entfernen.

9. Ein weiteres Geschirrtuch auf das Papier legen. Mit dem Teigroller vorsichtig über das Geschirrtuch rollen.

➡ *Varianten:*

Buntes Papier
Für buntes Papier einfach ein Stück Krepp-papier in der gewünschten Farbe mit in den Papiermatsch geben.

10. Das obere Geschirrtuch entfernen und das Papier zum endgültigen Trocknen zur Seite legen. Das Papier muss 1 bis 2 Tage trocknen, je nachdem wie viel Feuchtigkeit sich noch in der Papiermasse befunden hat.

Glitzerpapier
Für Papier mit Glitzereffekt kann man nach Arbeitsschritt 8 Glitzer auf dem noch feuchten Papier aufstreuen und mit Hilfe des Teigrollers einrollen.

Blütenpapier

Für Papier mit Blüten sollte man die gewünschten Blumen oder Blüten vorab trocknen und gut pressen. Nach Anleitungsschritt Nr. 8 das getrocknete Material auf das Papier legen und mit dem Teigroller einrollen.

Verwenden kann man alle Arten von getrockneten Blüten (z. B. Rosen, Veilchen), aber auch getrocknete Gräser. Hauptsache das pflanzliche Material wurde zuvor gut in einer Blütenpresse oder in einem dicken alten Buch gepresst.

Schalen aus Papier

Schalen aus Papier lassen sich fast ebenso einfach herstellen, wie selbstgeschöpftes Papier. Die Grundmasse an Papiermatsch ist hier die gleiche. Als Form nutzt man ein engmaschiges Sieb, in dem man den Papiermatsch formen kann.

Papier marmorieren

✂ Material

- Rasierschaum (möglichst sensitive Variante aus der Spraydose) – sollte von Erwachsenen ausgesprüht werden
- Teller
- Löffel oder Gabel
- Farben (Acrylfarben oder z. B. Nagellack)
- Lineal oder Holzstab
- Postkarten oder Papier

☞ *Und so wird's gemacht:*

1. Den Arbeitsplatz mit Papier abdecken.

2. Der erwachsene Helfer schüttelt den Rasierschaum und gibt ihn in einer dicken Schicht auf den Teller. Den Rasierschaum mit einem Löffel oder einer Gabel ein wenig glatt streichen.

3. Nun gibt man Farben auf den Rasierschaum. Gut geeignet sind Acrylfarben oder auch Nagellack. Es werden mehrere Farben auf den Rasierschaum getropft.

4. Mit einem Holzstäbchen, einem Löffelstiel oder einer Gabel einfache Muster in die Farben ziehen. Linien oder Schlangenlinien können hübsche Muster ergeben, ebenso Kreise. Hier heißt es der Kreativität freien Lauf zu lassen und auszuprobieren. Allerdings sollte man die Farben nicht zu sehr vermischen, sondern bei jedem Versuch nur ein paar Linien ziehen.

5. Ein Blatt Papier oder eine unbedruckte Postkarte auf den Rasierschaum legen und leicht festdrücken.

6. Nun das Papier oder die Postkarte vorsichtig hochziehen und auf den mit Papier abgedeckten Tisch legen.

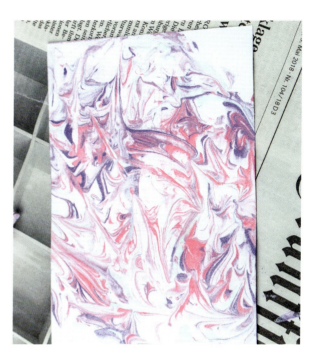

7. Mit einem Lineal oder Holzstab den Rasierschaum von dem Papier oder der Postkarte abziehen.

8. Nun muss das Papier oder die Karte nur noch trocknen.

> **Tipp**
>
> Ist noch Farbe auf dem Rasierschaum, kann man natürlich ein weiteres Papier auflegen. Ansonsten einfach neue Farbe hinzufügen und wieder ein Muster abziehen.
> Auch der bereits abgezogene Rasierschaum vom Lineal kann auf einem zweiten Teller gesammelt und später erneut verwendet werden. Zwischendurch sollte man den Rasierschaum immer wieder etwas glatt streichen.

Basteln mit Altpapier

Perlen aus Papier

Aus unseren Papierresten basteln wir Schmuck. Mithilfe eines Zahnstochers und alten Zeitungen und Magazinen entstehen farbenfrohe Perlen in verschiedensten Größen. Auch altes Geschenkpapier kommt so nach seiner Nutzung noch einmal für ein ganz besonderes Projekt zum sinnvollen Einsatz. Besonders schöne Perlen entstehen aus Geschenkpapier mit Metallic- oder Glitzereffekt.

Aus den Perlen kann man bunte Ketten und Armbänder oder Girlanden als Dekoration für die nächste Feier basteln.

Material

- alte Magazine, Zeitungen, Geschenkpapier oder Papierreste
- Schere
- Klebstift
- Zahnstocher

☞ *Und so wirds gemacht:*

1. Aus dem Papier schmale Streifen schneiden. Je nachdem wie groß später die Perlen sein sollen, können die Papierstreifen bis zu 3 cm breit sein. Die Streifen laufen spitz zum Dreieck zu. Die Länge ist dabei nicht vorgegeben, sollte aber nicht viel länger als 30 cm sein.

2. Einen Streifen nehmen und mit dem Klebstift bestreichen.

3. Am unteren Ende des Papierstreifens einen Zahnstocher ansetzen, um den das Papier eng gerollt wird.

4. Wenn der Kleber getrocknet ist, kann man die Perle ganz einfach vom Zahnstocher abziehen.

> ❯ *Tipp*

Alternative Formen erhält man, wenn man mit dem Zuschnitt des Papiers variiert. So bekommt man bei einem geraden Streifen gleichförmige Perlen, bei kürzeren Streifen ist die Mitte der Perle nicht ganz so erhaben. Hier heißt es einfach experimentieren und ausprobieren.

Bunte Vögel aus Toilettenpapierrollen

Diese kunterbunten Vögel können sowohl auf dem Schreibtisch auf ein paar Stifte aufpassen, als auch beim Kindergeburtstag als Dekoration den Tisch verschönern.

✂ Material

- leere Toilettenpapierrollen
- Tonpapier
- Schere
- Bleistift, Buntstifte
- Tuschkasten
- Pinsel
- Klebestift
- Wackelaugen
- Federn (optional)

☞ *Und so wird's gemacht:*

1. Eine leere Toilettenpapierrolle auf das Tonpapier setzen und für den Vogel den Boden abzeichnen. An den Boden aus Tonpapier gleich zwei Vogelfüße anzeichnen und ausschneiden.

2. Auch Schnabel, Flügel und den Schwanz zeichnen und ausschneiden. Den Schwanz hinten mehrfach einschneiden.

3. Die leeren Toilettenpapierrollen kunterbunt bemalen. Ein- oder mehrfarbig, mit Mustern – hier können die Kinder kreativ werden.

4. Mit dem Tuschkasten Flügel, Schwanz und Schnabel noch ein wenig dekorieren.

5. Mit dem Klebstift nun den Boden an die
Toilettenpapierrolle kleben. Danach folgen
Schwanz, Schnabel, Flügel und Wackelaugen.

⯈ Alternative:

Statt Tonpapier können die Kinder für Flügel
und Schwanz auch Federn nehmen und diese
ankleben.

Brauchbares aus Papier

Bilderrahmen basteln

Aus alten Versandkartons und bunten Papierresten entstehen ganz individuell gestaltete
Bilderrahmen für Familienfotos und kleine
Kunstwerke. Wer mag, kann diese Bilderrahmen
natürlich auch bemalen, statt sie zu bekleben.

✂ Material

- alte Pappe, z. B. von Versandkartons
- Lineal
- Stift
- Cutter (nicht für Kinder!) oder gute
  Schere
- dekoratives Papier
- Klebstift
- Optional: Tuschkasten, wenn man
  den / die Bilderrahmen bemalen
  möchte

☞ *Und so wird's gemacht:*

1. Zuerst alte Kartons zu Bilderrahmen zu-schneiden. Bei kleineren Kindern übernehmen diese Vorarbeit Erwachsene, da dicke Kartons oft schwierig zu schneiden sind. Laschen von Kartons geben oft schon passende Größen vor. Idealerweise zeichnet man sich den zu schnei-denden Bilderrahmen vor. Die Wände des Bil-derrahmens sollten 2,5 cm bis 5 cm breit sein, je nach Größe des Rahmens. Sind die Bilderrah-men ausgeschnitten, geht es ans Gestalten.

2. Ein passendes Papier auswählen. Das Papier muss etwas größer als der Bilderrahmen sein. Sehr schön eignet sich hierfür auch das selbst-marmorierte Papier von Seite 17.

3. Den Bilderrahmen auf die Rückseite des Pa-piers legen und abzeichnen. Nun an jeder Seite 1 cm zugeben und das Papier ausschneiden.

4. An den Außenseiten die Ecken wegschneiden.

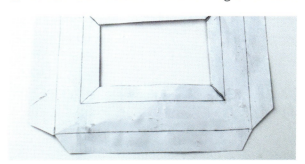

5. Das Papier auf der Rückseite mit Klebstift einstreichen. Dann den Bilderrahmen auf die Klebefläche legen und die Seiten nach innen einschlagen.

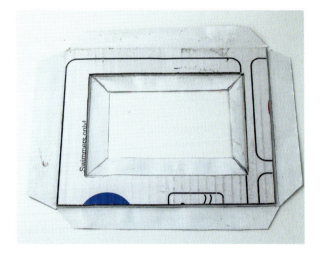

6. Fertig ist der Bilderrahmen. Das gewünschte Bild oder Foto kann das Kind dann einfach von hinten mit dem Klebstift bestreichen und in den Rahmen kleben.

Variante:

Bilderrahmen mit Farben bemalen

Schöne Alternativen, insbesondere für kleinere Kinder, sind auch der Tuschkasten oder Fingerfarben. Bevor die Kinder damit beginnen, ausreichend Zeitungspapier unterlegen und dann den Kindern die farbige Gestaltung mit Pinsel oder Finger überlassen.

Notizbuch

Kleine Notizbücher für Notizen und Zeichnungen können Kinder selbst herstellen. Für ein ganz besonderes Cover eignet sich zum Beispiel das selbstgeschöpfte Papier oder auch das marmorierte Papier aus den vorherigen Anleitungen.

✂ Material

- 1 Bogen dickeres dekoratives Papier oder dünne bemalte Pappe für das „Cover"
- 10 Seiten weißes Papier
- je 1 dicke und 1 dünne Nähnadel
- Faden

☞ Und so wird's gemacht:

1. Die verschiedenen Papiere zuschneiden: Für die Außenseite, also das Cover, das stärkere Papier oder die dünne Pappe in den Maßen 12 cm x 18 cm zuschneiden. Die 10 Seiten weißes Papier für das Notizbuch in der Größe 11 cm x 17 cm zuschneiden.

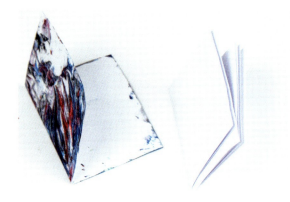

2. Alle Papierseiten mittig falten und die weißen Papierseiten in das Coverpapier einlegen.

3. Mit einer dicken Nadel im Bruch des Buches durch alle Seiten hindurch Löcher bohren. Hierzu legt man am besten ein Holzbrett unter.

4. Danach in die dünne Nadel einen Faden einfädeln.

5. Nun das Notizbuch im Bruch zusammennähen. Dabei den Faden einfach durch die Löcher fädeln und dann verknoten.

> **Tipp**
>
> Kleinere Kinder verzichten auf das Nähen und kleben die Seiten einzeln mit dem Klebstift ein.

Kleine Monster-Lesezeichen

Diese Lesezeichen-Ecken getarnt als Monsterchen sind einfach zu basteln und nicht nur eine schöne Geschenkidee zur Einschulung, denn sie können ideal mit Büchern zusammen verschenkt werden. Wenn man die simple Falttechnik verstanden hat, entstehen schnell große Mengen an unterschiedlichsten Lesezeichenmonstern.

✂ Material

- quadratisches Papier (ca.15 cm x 15 cm): bunt
- eventuelle Papierreste: weiß
- Schere
- Klebstift
- Stift

☞ *Und so wird's gemacht:*

1. Für ein Lesezeichen aus einem Stück bunten Papier ein Quadrat von 15 cm x 15 cm Größe schneiden.

2. Nun das Papierquadrat quer falten, wieder auffalten.

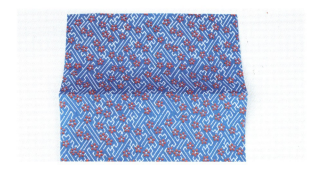

3. Das Papier nun in die andere Richtung quer falten, wieder auffalten.

4. Eine Ecke ausschneiden. Auf der gegenüberliegenden Seite ein Dreieck abschneiden.

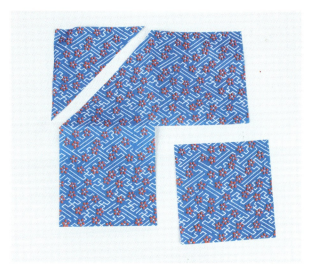

5. Auf eines der kleinen Quadrate mit dem Klebestift Kleber auftragen und das Papier zusammenfalten. Es entsteht eine Art Tüte.

6. Nun das ausgeschnittene Quadrat zur Hand nehmen und auf die Innenseite der zuvor geklebten Tüte kleben.

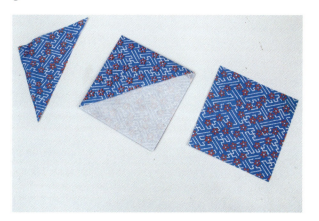

7. Das Lesezeichen ist im Grunde fertig, es fehlt noch das Gesicht. Dafür aus dem herausgeschnittenen Dreieck eine passende Zahnreihe schneiden, falls das Papier eine weiße Rückseite hat. Ansonsten ein Stück weißes Papier nehmen und daraus Zähne und Augen ausschneiden. Die Pupillen mit dem Stift aufzeichnen. Jetzt die

Zähne vorsichtig unter die obere Lasche kleben. Zum Schluss die Augen aufkleben. Fertig ist das Lesezeichenmonster.

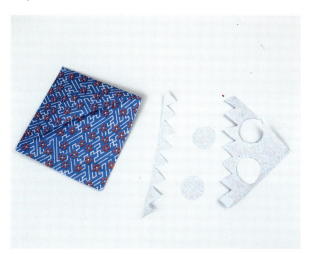

Lustiges Sparschwein

Wir basteln ein eigenes Sparschwein fürs Kinderzimmer. Darin können Taschengeld und Geldgeschenke vom Geburtstag oder von Weihnachten für größere Anschaffungen gespart werden. Außerdem sieht so ein kunterbuntes Schweinchen toll auf jedem Schreibtisch aus und bereitet viel Freude beim Basteln.

✂ Material

- Luftballon
- Zeitungen
- Tapetenkleister
- Farben zum Malen
- Eierkarton
- Optional: Pfeifenreiniger

☞ Und so wird's gemacht:

1. Den Arbeitsplatz mit Papier abdecken.

2. Den Tapetenkleister anhand der Packungsanweisung anrühren. (Das sollte ein Erwachsener übernehmen!)

3. Den Luftballon aufblasen und zuknoten.

4. Das Zeitungspapier in kleine Stücke zerreißen.

5. Nun die Zeitungspapierstücke auf den Luftballon kleben. Dafür zuerst den Ballon an der zu beklebenden Stelle mit Tapetenkleister einschmieren.

Idealerweise benutzen die Kinder hierzu die Hände und kleben auf den Ballon Stück für Stück das Papier auf. Mit den Händen das Papier dann auch glatt streichen.

Auf diese Weise wird der Ballon in mehreren Schichten mit Papierstücken beklebt. 5 bis 6 Schichten Zeitungspapier sind ideal. Die Schichten muss man zwischendurch nicht trocknen lassen.

6. Für die Nase, die Beine und die Ohren einen Eierkarton zerschneiden. Die passenden Teile zuschneiden und dann ebenfalls mit Papierstreifen und Kleister an der richtigen Stelle an den Ballon kleben.

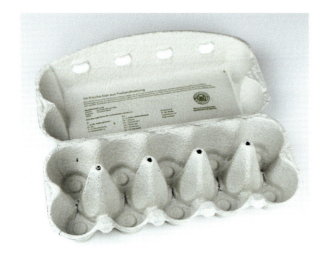

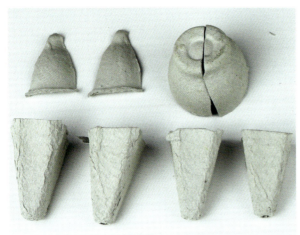

7. Nun muss alles 3 bis 4 Tage trocknen, bis der Schweineballon komplett hart geworden ist.

8. Ist das Schwein trocken, wird es bemalt. Hierfür eignen sich sowohl Wasser, als auch

Acrylfarben. Die Farbwahl bleibt dabei jedem überlassen, neben rosa Schweinchen kann es natürlich auch bunte, grüne, blaue oder gestreifte geben. Wenn man mit nicht komplett deckenden Farben arbeitet, sollte man das ganze Schwein in einem ersten Schritt in einer hellen Farbe grundieren.

9. Die Farbe trocknen lassen.

10. Nach dem Trocknen muss das Kind oben noch eine Öffnung in das Schwein schneiden, damit es als Sparschwein genutzt werden kann. Dafür den Spalt mit einem Bleistift aufzeichnen und dann mit einer spitzen Schere ausschneiden (hier helfen Erwachsene).

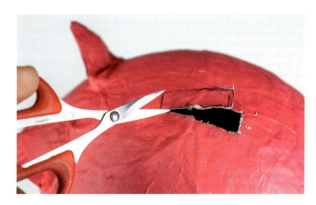

11. Jetzt können noch weitere Muster aufgemalt werden. Auf jeden Fall benötigt das Schwein noch Augen, Mund und Nasenlöcher. Diese kann man auch einfach aufmalen. Wackelaugen zum Aufkleben sehen aber auch niedlich aus.

12. Nun fehlt noch der Ringelschwanz. Diesen kann das Kind aus einem gedrehten Pfeifen-reiniger basteln oder auch aus einem Papier-streifen, der um einen Stift gedreht wird. Für

den Pfeifenreiniger mit einer Schere ein kleines Loch in den Schweinehintern bohren und den Pfeifenreiniger mit einem Tropfen Kleber hineinstecken. Der Papierschwanz hingegen wird einfach so hinten aufgeklebt.

> ## Hinweis

für alle Eltern, die Bedenken wegen der „klebrigen Handarbeit" haben:

Für die meisten Kinder ist es ein riesiger Spaß, mit den Händen zu arbeiten. Der Tapetenkleister klebt ja nicht wie Klebstift oder Flüssigkleber, sondern ist eher glibberig, so dass das Papier nicht an den Händen festklebt. Im Gegenteil. Die Hände sind ideal, um den Kleister immer wieder glattzustreichen.

> ## Tipp

Tapetenkleister hält sich abgedeckt mit einer Folie mindestens 1 Woche. Also falls Tapetenkleister übrig ist und die Kinder noch Lust auf ein weiteres Bastelprojekt haben, können sie, nachdem das Schwein erst einmal trocknen muss, gleich noch eine Laterne für das Laternenfest (S. 64) basteln oder eine Piñata (S. 52) für den Kindergeburtstag.

Feste feiern mit Papier

Die Kinderparty steht bevor und es darf gebastelt werden. Es gibt monstermäßige Einladungskarten und Party-Sticks für den Kuchen. Auch die Girlanden sind schnell gebastelt und sorgen für kunterbunte Partystimmung. Das Highlight wird die Piñata, ein südamerikanisches Partyspiel für Kinder, gefüllt mit allerlei süßen Leckereien. Vielleicht hat Ihr Kind auch Lust, gemeinsam mit seinen kleinen Gästen bei der Party zu basteln? Hierfür eignen sich die lustigen Masken aus Eierkartons und Papptellern.

Monster-Einladungskarten

✂ Material

- unbedruckte Karteikarten
  – je nach Gästezahl
- Tuschkasten
- Pinsel
- Stifte
- Papier
- Klebstift
- selbstklebende Wackelaugen

☞ *Und so wird's gemacht:*

1. Jede Karteikarte mit verschiedenen Farben aus dem Tuschkasten betupfen.

2. Die Karten trocknen lassen.

3. Mund und Nase mit einem Stift aufzeichnen. Die Zähne aus Papier ausschneiden und aufkleben, ebenso die selbstklebenden Wackelaugen.

Die Kinder können sich hier ausprobieren und ihrer Gestaltungsphantasie freien Lauf lassen. Jeder stellt sich ein Monster anders vor: Manche haben fünf Augen, andere haben nur ein Auge. Vielleicht gibt es ja auch Monster, die zwei Nasen haben?

Deko für den Kindergeburtstag

Schnelle Krepppapier-Girlande

Eine schnell gebastelte Dekoration für die nächste Feier oder als individueller Schmuck ist diese Krepppapiergirlande.

✂ Material

- Krepppapier
- Schere
- Kordel oder dünne Schnur

☞ *Und so wird's gemacht:*

1. Aus Krepppapier 20 bis 30 cm lange Streifen schneiden.

2. Ein Stück Kordel (oder andere Schnur) abschneiden und bereitlegen.

3. Nun die Krepppapierstreifen mittig um die Kordel knoten und nach unten falten.

 *Variationen:*

Alle Streifen können in derselben Farbe sein oder aber bestimmte Farben haben (z. B. Lieblingsfarben, Farben der Lieblingsmannschaft etc.) und abwechselnd angeknotet werden. Auch die Längen der Streifen können variieren.

Eine weitere Variation wäre die Kombination von Wimpelkette und Krepppapiergirlande, in dem man z. B. abwechselnd einen Wimpel und einen Krepppapierknoten nutzt.

Wimpelketten

✂ Material

- Papier, z. B. Tonkarton oder Geschenkpapier
- Kordel oder dünne Schnur
- Locher
- Schere

☞ Und so wird's gemacht:

1. Aus Papier oder Pappe entsteht eine Vorlage für einen Wimpel. Hierfür benötigt man ein schmal zulaufendes Dreieck beliebiger Größe. Die gerade Seite sollte mindestens 10 cm lang sein, kann aber bei Bedarf auch deutlich größer sein.

2. Die Schablone mit dem Bleistift auf Papier übertragen und dann ausschneiden.

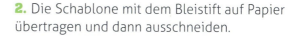

3. Die Anzahl an benötigten Wimpeln ist abhängig, von der Länge der Wimpelkette. Eine Wimpelkette kann 10 oder auch 100 Wimpel haben.

4. Die Wimpel bekommen alle oben an der geraden Seite mit Hilfe eines Lochers Löcher. Jeder Wimpel benötigt zwei Löcher.

5. Nun die Kordel oder Schnur durch die Löcher in den Wimpeln ziehen.

6. Die Wimpelkette aufhängen. (Am besten machen das die Eltern oder große Geschwister.)

Deko-Sticks für den Geburtstagstisch

Muffins, Kuchen, Obst und Gemüse werden mit diesen Monster-Sticks dekoriert und sorgen für eine fröhliche, kunterbunte Geburtstagstafel.

✂ Material

- Tonpapier
- Schere
- Buntstifte, Farben
- Wackelaugen, Federn, Glitzer
- Klebstift
- Flüssigkleber oder Heißkleber
- Zahnstocher

☞ *Und so wird's gemacht:*

1. Die Kinder schneiden aus buntem Tonpapier unterschiedliche Formen aus.

2. Dann können sie diese Formen phantasievoll bemalen, mit Augen oder Federn bekleben. Hier kann jeder mitbasteln.

3. Wenn alles getrocknet ist, werden die Figuren von hinten an einen Zahnstocher geklebt. Dies geschieht entweder mit Flüssigkleber oder Heißkleber (von einem Erwachsenen).

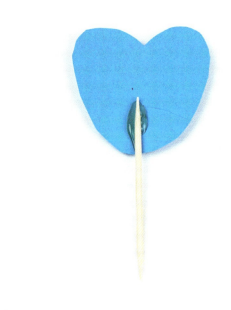

❯ Tipp

Ihr Kind feiert einen Themengeburtstag?
Wie wäre es dann mit thematisch passenden Sticks? Für den Fußballgeburtstag
gibt es Fußbälle, rote und gelbe Karten,
die Piratenparty bekommt Piratenflaggen,
Kanonenkugeln, Schiffe, für den Ein-
horngeburtstag bekommen alle Sticks
ein Glitzerhorn und zu Ostern verzieren
kleine Kücken die Leckereien.

Wir basteln eine Piñata

Was ist eine Piñata?

Piñatas gibt es traditionell in Mittelamerika und Spanien zu unterschiedlichen Festen. Inzwischen ist der Trend auch im deutschsprachigen Raum angekommen, insbesondere bei Kinderfesten sieht man immer häufiger Piñatas.
Eine Piñata ist ein Hohlkörper aus Pappmaché, der kunterbunt dekoriert ist. Oft sind Piñatas Tiere, Früchte oder Monster, im Grunde können sie aber jeglicher Gestalt sein. Innen sind sie mit Süßigkeiten gefüllt. Am Tag der Feier wird die Piñata an einem Baum oder ähnlichem aufgehängt. Sie hängt so hoch, dass die Kinder sie nicht mit den Händen erreichen können. Nun dürfen die Kinder reihum mit einem Stock auf die Piñata schlagen. Dabei werden dem jeweils schlagenden Kind die Augen verbunden und es hat drei Versuche. Danach folgt das nächste Kind. Es wird so lange gespielt, bis die Piñata kaputt ist und die Süßigkeiten hinausfallen. Die Süßigkeiten werden dann unter allen Kindern aufgeteilt.

✂ Material

- altes Zeitungspapier
- Luftballon
- Tapetenkleister
- Farben zum Malen
- Krepppapier
- Kordel
- Schere
- Klebstift
- Optional: 1 leere Toilettenpapierrolle

☞ *Und so wird's gemacht:*

Schritt 1-6 entsprechen dem Basteln des Spar-
schweins (siehe S. 36).

Piñata - Vorbereitung

1. Den Tapetenkleister laut Packung anrühren.

2. Den Arbeitsplatz mit Papier abdecken.

3. Den Luftballon aufblasen und zuknoten.

4. Das Zeitungspapier in kleine Stücke zerreißen

5. Nun das Zeitungspapier auf den Luftballon
kleben. Dafür zuerst den Ballon an der zu
beklebenden Stelle mit Tapetenkleister einschmieren (idealerweise benutzen die Kinder
hierzu die Hände) und dann Stück für Stück die
Papierstücke aufkleben. Mit den Händen das
Papier schön glatt streichen.

6. In der Weise den Ballon in mehreren Schichten mit Papier bekleben. 5 bis 6 Schichten
Zeitungspapier sind ideal.

7. Den Ballon 2 bis 3 Tage trocknen lassen, bis
er komplett trocken und hart ist.

Nun gilt es, zu überlegen, was für eine Piñata
gebastelt werden soll. Möglich sind Früchte,
Tiere, es können auch mehrere Ballons kombi-
niert werden, die Kinder sind hier frei in ihrer
Gestaltung. Dabei gibt es zwei Techniken, die
man nutzen kann. Man kann die Piñata bemalen
oder mit Krepppapier bekleben. Für kleinere
Kinder eignet sich die Variante mit dem Bemalen.
Größere Kinder können sich am Krepppapier
versuchen. Für beide Techniken folgen Beispiele,
sie können auf beliebige Art auch für andere
Motive umgesetzt werden.

Piñata mit Krepppapier - Die Ananas

8. Im oberen Bereich des getrockneten Ballons einen Kreis ausschneiden. Hier werden später die Süßigkeiten hineingefüllt. Bei der Ananas setzen wir noch eine leere Toilettenpapierrolle ein, die den Strunk der Ananas darstellen soll. Deshalb hier darauf achten, dass der ausgeschnittene Kreis dem Durchmesser der Toilettenpapierrolle entspricht.

9. Von der gelben Krepppapierrolle einen schmalen Streifen von etwa 2 cm abschneiden.

10. Dieser Streifen wird zusammengelegt und im Abstand von einem halben Zentimeter jeweils eingeschnitten.

11. Nun den Krepppapierstreifen Stück für Stück mit einem Klebestift rund um den Ballon kleben. Ist der Krepppapierstreifen aufgebraucht, schneidet man einen weiteren zu und klebt weiter, bis das Ende des Ballons erreicht ist.

12. Die Toilettenpapierrolle ebenfalls mit Krepppapier bekleben. Hierfür nutzt man grünes Krepppapier und einen etwas breiteren Streifen.

13. An der Öffnung mit der Schere zwei Löcher bohren und ein Band zum Aufhängen hindurchziehen.

14. Die Toilettenpapierrolle in die Öffnung stecken. Durch die obere Öffnung nun die Piñata mit Süßigkeiten füllen.

Piñata mit Acrylfarbe - Der Fisch

7a. Auch hier arbeiten die Kinder mit einem mit Papier und Tapetenkleister beklebten Ballon, so wie bei der Ananas und dem Sparschwein (S. 36). Aber der mit Papier beklebte Ballon wird jetzt komplett mit Acrylfarbe in der gewünschten Farbe angemalt. Trocknen lassen.

8a. Dann aus dem bemalten Ballon oben eine Öffnung herausschneiden und den Deckel aufheben, da er noch benötigt wird.

9a. Rechts und links, etwa 1,5 cm unterhalb der Öffnung mit der Schere zwei kleine Löcher bohren.

10a. Aus Tonpapier die Flossen ausschneiden. Die Flossen können auch noch bemalt werden.

11a. Die Flossen mit Heißkleber oder Flüssigkleber aufkleben. (Eventuell übernimmt das der erwachsene Helfer.)

12a. Durch die Löcher in der Öffnung auf beiden Seiten des Fisches eine Kordel ziehen, damit die Piñata aufgehängt werden kann.

> **Tipp**
>
> Piñatas eignen sich auch wunderbar als Dekoration für Kindergeburtstage. Deshalb können ruhig gleich mehrere gebastelt werden.

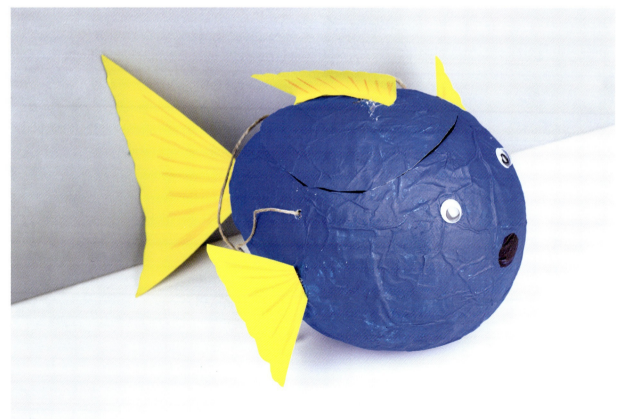

Phantasievolle Vogelmasken

Aus einem Eierkarton können vier lustige Vogelmasken für das Faschingsfest oder Motto-Kinderfeste gebastelt und mit Farben schön verziert werden. Das Basteln von Vogelmasken ist für kreative Kinder auch ein kurzweiliger Aktionspunkt für Kindergeburtstage.

✂ Material

- Eierkarton
- Schere
- Tuschkasten
- Gummiband
- Klebstift

Optional:
- Glitzerkleber
- Federn

☞ *Und so wird's gemacht:*

1. Aus einem 10er-Eierkarton entstehen vier Vogelmasken. Eierkarton lässt sich gut zerschneiden. Allerdings sollte man sich vorher gut anschauen, wie die Masken aus dem Eierkarton geschnitten werden.

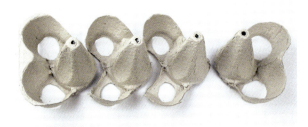

2. Nun kann jeder seine Vogelmaske nach Belieben gestalten. Zum Bemalen eignet sich hier sehr gut Wasserfarbe aus dem Tuschkasten.

3. Die Vogelmaske muss trocknen.

4. Wer mag, kann nun noch Federn aufkleben oder mit Glitzerkleber die Vogelmaske noch ein bisschen mehr verzieren.

5. Nach dem Trocknen rechts und links an den Seiten kleine Löcher bohren und ein Gummiband durchziehen. Das Gummiband wird an den Kopfumfang des jeweiligen Kindes angepasst und festgeknotet.

Große Masken

Diese großen Masken ermöglichen es, sich nach Belieben zu verkleiden.
Es entstehen Löwen, Elefanten, aber auch Piraten oder Monster sind kein Problem.

✂ Material

- Pappteller
- Bleistift
- Schere
- Acrylfarbe oder Tuschkasten
- Pinsel
- Krepppapier
- Tonpapier
- Gummiband

☞ *Und so wird's gemacht:*

1. Auf dem Papierteller Augen und Nase aufzeichnen und ausschneiden. Am besten nimmt man hierfür am jeweiligen Kind Maß.

3. Nach dem Trocknen den Teller nach Wunsch dekorieren.

3a.) Für den Löwen eine Mähne aus Krepppapier ausschneiden. Dabei das übereinandergelegte Krepppapier an den Seiten einschneiden und in zwei Reihen aufkleben. Das Gesicht mit Farbe aufmalen. Ein bisschen Glitzerkleber macht den Löwen zu etwas ganz Besonderem.

2. Nun können die Kinder die Teller frei gestalten. Zuerst den Teller in der gewünschten Farbe anmalen. Trocknen lassen.

3b.) Der Elefant bekommt große Ohren aus Tonpapier und einen Rüssel aus einer Hexentreppe. Der Rest des Gesichtes wird aufgemalt.

Und so wird die Hexentreppe gemacht: Zwei gleichbreite und lange Streifen Tonpapier im rechten Winkel aufeinander kleben und abwechselnd falten und kleben.

Am Ende rechts und links an jedem Teller kleine Löcher bohren und ein Gummiband durchziehen. Hier sollte der Erwachsene noch einmal am Kind Maß nehmen, damit die Maske auch bequem passt.

> **Tipp**
> Diese Masken sind auch eine super Wanddekoration für die Faschings- oder Kinderparty.

Laternen

Schon mit kleinen Kindern kann man diese Laterne fürs Laternenfest basteln. Durch das Transparentpapier leuchtet buntes Licht nach außen. Die Laterne wird mit einem elektrischen Laternenstab versehen, so dass selbst die Kleinsten mit ihr am Laternenumzug teilnehmen können.

✂ Material

- Transparentpapier
- Luftballon
- Tapetenkleister, Eimer
- Schere
- Kordel
- elektrischer Laternenstab

☞ *Und so wird's gemacht:*

1. Buntes Transparentpapier per Hand in kleine Schnipsel reißen.

2. Einen Luftballon aufblasen und den Tapetenkleister in einem Eimer anrühren.

3. Per Hand den Kleister auf den Ballon auftragen und das Transparentpapier aufkleben.

4. Auf dieser Weise drei bis vier Schichten buntes Transparentpapier aufkleben und alles mit den Händen immer wieder glatt streichen.

5. Der Ballon muss zwei bis drei Tage trocknen, bis er hart und komplett durchgetrocknet ist. Mit der Schere den Ballon oben aufschneiden.

6. Mit einer spitzen Schere rechts und links jeweils ein Loch in die Laterne bohren. Durch die Löcher die Kordel durchziehen und verknoten. Dies ist auch die Stelle, an der man den Laternenstab einhängen kann.

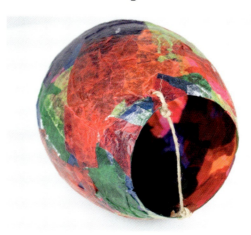

Ein Strauß Papierblumen

Wenn man die Technik für die Papierblumen verstanden hat, können unterschiedlichste Blüten entstehen, große und kleine, in verschiedensten Formen und Farben, bis ein großer Blumenstrauß entstanden ist.

✂ Material

- Krepppapier in verschiedenen Farben
- Schere
- Kreppklebeband
- Pfeifenreiniger in grüner Farbe

☞ *Und so wird's gemacht:*

1. Von der Krepppapierrolle einen Streifen von 5 cm Breite abschneiden.

2. Den Streifen zusammenlegen.

3. Ein Blütenblatt aus dem zusammengelegten Streifen schneiden. Dabei darauf achten, dass die Blätter rechts und links unten durch einen schmalen Streifen miteinander verbunden bleiben.

4. Jetzt hat man eine Reihe Blütenblätter. Man nimmt das erste und setzt das zweite daneben an. In der Weise fortfahren, bis sich die Form einer Blüte bildet.

5. Hat man so viele Blütenblätter angeordnet, dass die Blüte eine schöne Form angenommen hat, mit Kreppklebeband mehrere Runden um das untere Ende der Blüte kleben, um es zu sichern.

Nun den Stiel an die Blüte setzen. Dafür einen Pfeifenreiniger mehrfach um das umklebte Blütenende wickeln, bis die Blume fest auf dem Stiel sitzt.

> **Tipp**

Wenn man die einzelnen Blätter der Krepppapierblüten mittig leicht auseinanderzieht, bekommen sie eine noch realistischere Blütenform.

Varianten:

Unterschiedliche Größen und Formen

Verschiedene Blüten erhält man, indem man die Form und Größe der Blütenblätter ändert. So kann der Krepppapierstreifen auch 3 cm breit oder für besonders große Blumen auch 10 cm breit sein.

Blätter am Stiel

Für Blätter am Stiel ein paar schmale Blätter aus grünem Krepppapier nach dem gleichen Prinzip wie bei den Blüten zuschneiden und um den Pfeifenreiniger legen. Mit einer Drehung des Pfeifenreinigers werden sie am Stiel befestigt.

Mehrfarbige Blumen

Die Krepppapierblumen können auch einen Stempel bekommen oder mehrfarbig gestaltet werden. Hierfür fängt man mit einer Farbe an und wickelt nur einige wenige Krepppapierblüten oder schmale Streifen umeinander. Danach kommen weitere Blütenblätter in einer anderen Farbe.

Verschiedene Papiersterne ...

... für die Adventszeit oder das Weihnachtsfest

In der Adventszeit ist gemeinsames Basteln eine wundervolle Vorbereitung auf das Weihnachtsfest. Diese drei Sterne aus Papier können sowohl als Fensterdekoration, als auch als Dekoration für Geschenke gebastelt werden. Insbesondere die großen Papiertüten-Sterne sehen auch unter dem Weihnachtsbaum als Geschenkdekoration zauberhaft aus.

Ein dreidimensionaler Stern

1. Man benötigt ein Stück quadratisch zugeschnittenes Papier.

2. Das Papier diagonal in beide Richtungen falten und wieder auffalten.

3. Dann das Papier quer falten und wieder auffalten.

4. Das Papier an den quer hinzugefügten Knickflächen jeweils bis zur Mitte einschneiden.

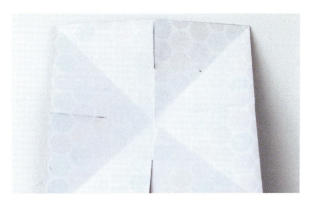

5. Nun alle acht Spitzen jeweils zur Diagonale hin falten. Es entstehen vier Zacken.

6. Auf eine Seite jedes Zacken etwas Kleber mit dem Klebstift auftragen.

7. Die Zacken zusammenschieben und festkleben.

8. Der halbe Stern ist fertig.

9. Das gleiche mit einem zweiten Papierstück in derselben Größe wiederholen.

10. Vor dem Zusammenkleben zwischen die beiden Sternhälften einen Bindfaden legen, damit man den Stern auch aufhängen kann.

11. Nun die beiden Sternhälften zusammenkleben. Hierfür nutzt man am besten Heiß- oder Flüssigkleber.

Transparentpapiersterne

Diese Transparentpapiersterne kann man mit größeren und kleineren Kindern bei entsprechender Vorbereitung gemeinsam basteln. Denn auch schon kleine Kinder, die noch keine Übung im Umgang mit der Schere haben, können an den Sternen mitbasteln. Am Fenster sorgen die bunten Sterne dann für besonders feierliche Weihnachtsstimmung.

✂ Material

- schwarzes Tonpapier
- Transparentpapier
- Schere
- Klebstift

☞ Und so wird's gemacht:

1. Nach Vorlage einen Stern aus schwarzem Tonpapier ausschneiden.

2. Aus hellem Transparentpapier einen etwas kleineren Stern ausschneiden und auf den großen Stern aufkleben.

3. Mit den Händen aus bunten Transparentpapierresten kleine Schnipsel reißen.

4. Diese Schnipsel kreuz und quer auf den Stern aufkleben.

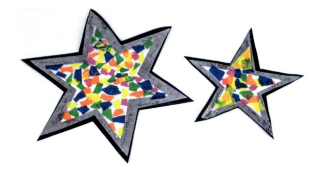

Sterne aus Papiertüten

Material

- Papiertüten (10-15 Stück je Stern)
- Klebstift
- Stift
- Schere
- Faden

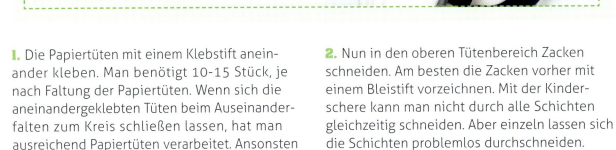

1. Die Papiertüten mit einem Klebstift aneinander kleben. Man benötigt 10-15 Stück, je nach Faltung der Papiertüten. Wenn sich die aneinandergeklebten Tüten beim Auseinanderfalten zum Kreis schließen lassen, hat man ausreichend Papiertüten verarbeitet. Ansonsten weitere ankleben.

2. Nun in den oberen Tütenbereich Zacken schneiden. Am besten die Zacken vorher mit einem Bleistift vorzeichnen. Mit der Kinderschere kann man nicht durch alle Schichten gleichzeitig schneiden. Aber einzeln lassen sich die Schichten problemlos durchschneiden.

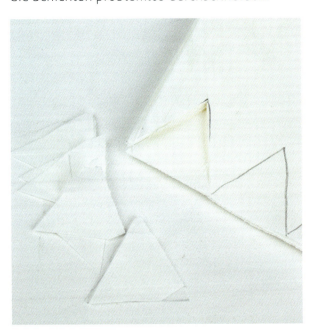

3. Und schon ist der Stern fertig. Zuletzt die beiden Außenseiten aneinanderkleben und den Stern mit einem Faden aufhängen.

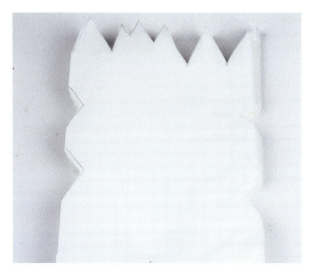

➡️ *Variante:*

Für noch schönere Sterne auch aus den Seiten der Papiertüten kleine Vierecke ausschneiden.

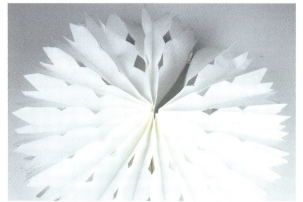

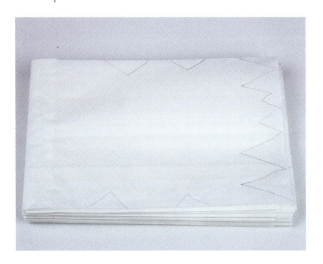

> ## Tipp

Die benötigten Papiertüten bekommt man unter dem Begriff Brottüten oder Frühstückstüten in den meisten Super- oder Drogerie-Märkten.

Ostereier weben

Über Osterpost freut sich die ganze Familie. Bei diesen bunten Postkarten mit Ostereiern werden Papierstreifen miteinander verwebt.

✂ Material

- Papier in verschiedenen Farben
- Karteikarten (als Postkarten)
- Schere (Cutter für Erwachsene)
- Lineal
- Pappe

1. Aus buntem Papier 1 cm breite Streifen zuschneiden. Die Streifen sollten in der Länge auf jeden Fall etwas größer als die Postkarte sein.

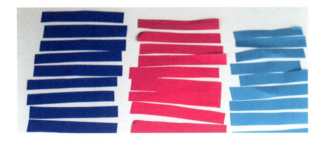

2. Eine Postkarte ebenfalls mittig mit 1 cm breiten Schnitten versehen.

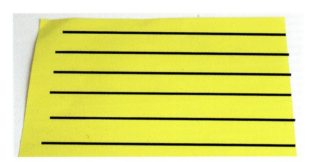

3. Nun können die Papierstreifen gewebt werden. Dabei immer einmal mit dem Streifen über das Papier und unter dem nächsten hindurchgehen. Der nächste Streifen wird dann versetzt zum vorherigen „gewebt". So fortfahren, bis kein weiterer Streifen mehr hineinpasst.

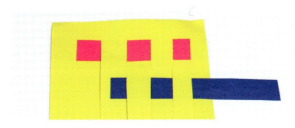

4. Auf einem Stück Pappe wird eine Osterei-Vorlage gezeichnet und ausgeschnitten.

5. Diese Vorlage wird auf ein weißes oder farbiges Papier in exakter Größe der Postkarte übertragen.

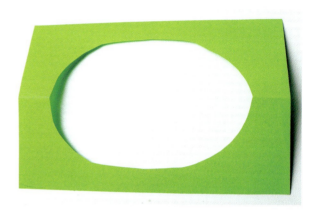

6. Das Ei wird ausgeschnitten und dann nimmt man sozusagen den Eiumriss und klebt ihn auf die gewebte Postkarte.

7. Auf die Rückseite der Postkarte ein Stück Papier in passender Farbe kleben.

Spielzeug aus Papier

Papierpuppen ...

... zum Anziehen und Selbstgestalten für kleine Modedesigner

Schon lange bevor es Spielzeugläden mit unendlicher Auswahl gab, haben Kinder mit Papierpuppen gespielt. Heute ist dieser Klassiker ein wenig in Vergessenheit geraten, dabei können Kinder hier ganze Welten entstehen lassen. Basis ist dabei eine Puppe aus dünner Pappe, die größere Kinder schon selbst nach ihren Wünschen gestalten können. Für kleinere Kinder basteln die Eltern die Figur. Hier können individuelle Merkmale des Kindes wie Frisur, Haar- und Augenfarbe und andere Besonderheiten übernommen werden. Das Gestalten der Kleidung ist dann nicht schwer und die Kinder können hier ihrer Kreativität im Designen von unterschiedlichsten Modellen freien Lauf lassen. So können Kollektionen für Frühling, Sommer, Herbst und Winter gezeichnet werden und die eigene Papierpuppe kann Freunde bekommen, die ebenfalls immer wieder neu eingekleidet werden können.

✂ Material

- Bleistift
- dünne Pappe
- Schere
- Buntstifte
- optional Tuschkasten
- weißes Zeichenpapier

☞ *Und so wird's gemacht:*

1. Die Vorlagen für die Puppen auf dickeres Papier oder Pappe übertragen und ausschneiden. Ist das Material etwas dicker, helfen Erwachsene beim Ausschneiden.

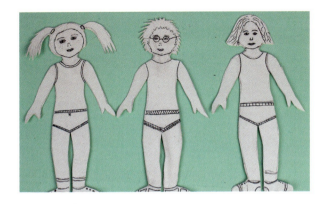

2. Die Puppen individuell anmalen.

3. Nun können Kleidungsstücke entworfen werden. Dazu die Puppe auf ein Blatt Papier legen und die Silhouette des gewünschten Kleidungsstückes zeichnen.

4. Die Puppe weglegen. An den Seiten des Kleidungsstückes Laschen anzeichnen, die dazu dienen, dass die Kleidung an den Puppen befestigt werden kann.

5. Nun das Kleidungsstück zu Ende zeichnen, ausmalen und ausschneiden.

6. So entsteht Stück für Stück eine ganze Modeboutique für die Papierpuppen, von denen man natürlich auch unterschiedlichste Figuren entwerfen kann.

Memo-Spiel

Memo-Spiele sind ein Klassiker im Spiele-schrank. Dieses Memo-Spiel wird jedoch ein ganz besonderes. Wichtigstes Material sind dabei unbedruckte Bierdeckel, die mit verschie-denen Techniken von Groß und Klein gestaltet werden können. Einzige Regel: Die Rückseite der Bierdeckel muss sauber bleiben und auf der Vorderseite müssen je zwei gleiche Motive zu finden sein.

✂ Material

- quadratische, unbedruckte Bierdeckel (gibt es bei diversen online-Anbietern)
- verschiedene bunte Farben - ideal ist hier Fingerfarbe
- Dosen und Becher zum Stempeln
- Optional: Buntstifte

1. Jeweils zwei leere Bierdeckel bereitlegen.

2. Nun auf immer jeweils zwei Deckel die gleichen Formen in der gleichen Farbe stempeln. Dafür zum Beispiel den Rand von einer Dose mit Farbe einstreichen und damit einen Kreis auf beide Deckel stempeln.

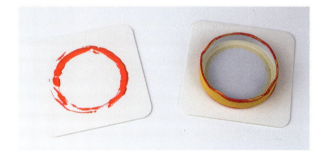

3. Die ideale Farbe zum Gestalten der Deckel ist Fingerfarbe, weil auch gerne mit den Fingern gearbeitet werden darf.

4. Unterschiedliche Gefäße ermöglichen verschiedene Stempel. Hier gilt es auszuprobieren, welche Formen entstehen, wenn man z. B. einen Korken oder einen Deckel nutzt. Alternativ kann auch mit den Fingern gestempelt werden.

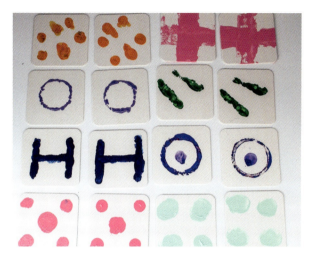

5. Kinder, die gern malen oder zeichnen, können auch einfach jeweils zwei Deckel mit einem mit Buntstiften gemalten Motiv versehen.

> **Tipp**

Wer keine Bierdeckel kaufen möchte oder hat, kann auch dünne Pappe mit weißem Papier bekleben. Dann in entsprechend viele gleichgroße Vierecke (= Memo-Karten) schneiden und dann jeweils ein Paar mit dem gleichen Motiv gestalten.

Fußballspiel

Dieses Fußballspiel macht großen und kleinen Mitspielern gleichermaßen Spaß und ist schnell gebastelt.

✂ Material

- grüner Tonkarton DIN-A3
- Schere
- Lineal
- schwarze Pappe
- Klebstift
- weißer Lackstift
- Strohhalme
- Tischtennisball

1. Die grüne Pappe an den Ecken jeweils 3 cm einschneiden.

2. An den kurzen Seiten ebenfalls bei Zentimeter 10 und Zentimeter 20 auf beiden Seiten 3 cm tief einschneiden. Hier entsteht das Tor.

3. Die Seiten werden nach oben gefalzt. Hierbei bietet es sich an, ein Lineal als Falzhilfe zu nutzen.

4. Die Ecken nach innen falten und zusammenkleben.

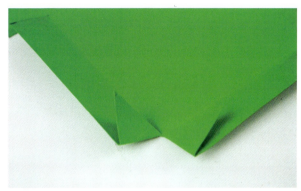

5. Aus der schwarzen Pappe zwei Tore ausschneiden, die jeweils 1,5 cm breit sind und die Maße von 13 cm x 9 cm besitzen.

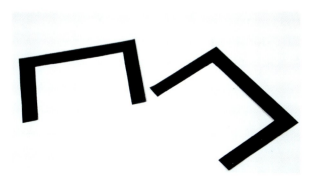

6. Die Tore an der Öffnung an den Seiten einkleben.

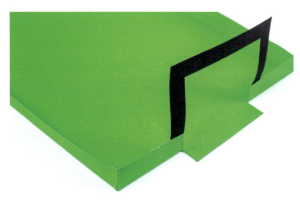

7. Jetzt muss man nur noch die Markierungen eines Fußballfeldes mit dem Stift aufzeichnen und das Spiel kann beginnen.

Die Autorin des Buches

Julia Schmidt (Jahrgang 1986) betreibt seit 2011 den Kreativ-Blog Funkelfaden: **www.funkelfaden.de**
Dort schreibt sie über ihre DIY-Projekte, übers Nähen, Basteln, Werkeln, Reisen – eben über alles, was zu ihrem Leben gehört. Die gebürtige Berlinerin lebt mit ihrem jugendlichen Pflegesohn und ihrem Hund in Neukölln. Eigentlich hat sie Publizistik und Geschichte studiert, aber heute lebt sie lieber ihre kreative Ader als Bloggerin aus. Sie liebt es, mit Freunden unterwegs zu sein, sei es in der Natur auf Wanderungen, im schönen Berlin oder anderswo auf der Welt. Aber auch ihr Zuhause ist für sie eine absolute Wohlfühloase. Es geht dort bunt, kreativ und absolut weltoffen zu, wobei das individuelle Glück immer im Vordergrund steht.
Bei Fragen zum Buch können Sie gern Kontakt zu ihr aufnehmen: **Kontakt@funkelfaden.de**

Weiteren Bastel- und Handarbeitsspaß für Kinder bieten folgende Titel aus der „Mach mit!"-Reihe:

Brigitte Ettmann
Handarbeitsspaß mit Kindern
104 Seiten, farbig, gebunden
ISBN 978-3-89798-445-5

Katrin Baumann/ Steffi Schmat
Klöppeln mit Kindern
96 Seiten, farbig, gebunden
ISBN 978-3-89798-524-7

Zauberhafte, originelle Dinge selbst anfertigen und gestalten?
Kein Problem mit den Kreativbüchern der „Mach mit!"-Reihe:

Tanja Osswald
**Mein gehäkelter Kuschel-
zoo**
88 Seiten, farbig, gebunden
ISBN 978-3-89798-510-0

Constanze Derham
**Zauberhafte Quilt-
und Patchworkideen**
88 Seiten, farbig, gebunden
ISBN 978-3-89798-536-0

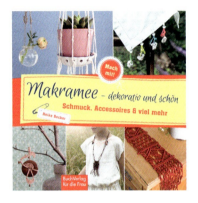

Heike Becker
**Makramee – dekorativ
und schön**
88 Seiten, farbig, gebunden
ISBN 978-3-89798-524-7

Constanze Derham
**Neues Leben für
alte Kleider**
80 Seiten, farbig, gebunden
ISBN 978-3-89798-482-0

Kerstin Anders/
Heike Henkel
Mit Natur gestalten
90 Seiten, farbig, gebunden
ISBN 978-3-89798-466-0

Hay Nguyen
**Häkeln wie
die Weltmeisterin**
90 Seiten, farbig, gebunden
ISBN 978-3-89798-465-3